JN258327

かのひと

超訳　世界恋愛詩集

菅原敏

絵　久保田沙耶

はじめに

図書館の片隅で埃をかぶっている古い詩集たち。その中に、ちいさな宝石を見つけ出すように。

ゲーテ、ニーチェ、シェイクスピアから李白、小野小町、在原業平まで。国や時代も異なる彼らの書き残した、あまたの恋愛詩に触れるたび「百年前、千年前でも、恋すれば私たちは何ひとつ変わらない」と教えてくれます。

もしも彼らが今の時代に生きていたとしたら、どんな言葉を紡いだのでしょうか。この本は古（いにしえ）の詩人たちとそのまなざしを重ね、彼らの残した詩に私の言葉を新たに重ねた一冊となっています。

今の恋も、昔の恋。脈々と続く私たちの営みはこれまでも、これからも。

きっとこの本の中に一篇、あなたの日々に寄り添い、ときどき処方箋となってくれるような詩が隠れているのではないでしょうか。超訳という名のオマージュを、ひととき楽しんで頂ければ幸いです。

菅原敏

目次

はじめに 4
愛される1時間 エミリー・ディキンソン 8
いくつかの答え クリスティーナ・ロセッティ 12
そうね、私は年をとった 小野小町 16
一度でも愛の腕 テオドール・シュトルム 20
僕は彼女と自由に生きる J・W・ゲーテ 24
かのひとは美しくゆく バイロン 28
夜露のように消え失せろ 在原業平 32
僕は死にたくない ボリス・ヴィアン 36
かつて私は信じていた ハインリヒ・ハイネ 40
悲しみを食らい、泣きながら笑え フランチェスコ・ペトラルカ 44
私はあなたの帯になりたい 陶淵明 48
悲しい私の木綿の肌着 フェデリコ・ガルシーア・ロルカ 52
みだれ髪 与謝野晶子 56
世界でいちばん悲しい女 マリー・ローランサン 60
戦争四年目 ヘルマン・ヘッセ 64
国破れて山河在り 杜甫 68
おれもおまえも夢のまた夢 エドガー・アラン・ポー 72

さよなら、たまねぎ　フリードリヒ・ニーチェ　76
夜が来たから寝たのでしょうか?　ジョン・ダン　80
長い髪で両手を縛って　ハインリヒ・ハイネ　84
ひとり暮らしの彼女の部屋を　J・W・ゲーテ　88
雪が白なら彼女の胸は　ウィリアム・シェイクスピア　92
妻の条件　フランシス・ジャム　96
初恋　島崎藤村　100
若い女が嘘をつき　ウィリアム・シェイクスピア　104
からだは、いらない　ライナー・マリア・リルケ　108
僕らはみんな落ちていく　ライナー・マリア・リルケ　112
月下独酌　李白　116
落ち葉みたいにばかやろうだね　ポール・ヴェルレーヌ　120
くちびるにオオカミ　J・W・ゲーテ　124
ふたつ、かさねて　E・E・カミングス　128
落ち葉を踏んで僕らは歩く　レミ・ド・グールモン　132
世界で一番静かな場所で　マックス・ダウテンダイ　136
地平線　マックス・ジャコブ　140
50年後にページを開いて　ウィリアム・バトラー・イェイツ　144
詩人略歴　150
おわりに　152

愛される１時間

エミリー・ディキンソン

愛される1時間

愛される1時間
それを味わうために
わたしたちは苦悩で
代金を支払い続ける
その恍惚の一瞬に
心震えれば震えるほど
より多くの苦痛を
支払わねばならぬと
知っていても

あのひとの指先は

愛される1時間
もし　もう一度
それが手に入るなら
わたしはどんな苦しみも
何年でも支払い続けよう
涙あふれる宝石箱に
争いの末に手に入れた
小さなコイン何枚も
積み重ね　積み重ね
あのひとの指先に

For each ecstatic instant
We must an anguish pay
In keen and quivering ratio
To the ecstasy.

For each beloved hour
Sharp pittances of years,
Bitter contested farthings
And coffers heaped with tears.

For each ecstatic instant
—— Emily Dickinson

いくつかの答え

クリスティーナ・ロセッティ

いくつかの答え

重いものは
海の砂と悲しみ

短いものは
今日と明日

はかないものは
花と若さ

深いものは
この海原と真実

あなたと出会い
わたしは知った

染まるものは
空と体

見えないものは
夜の虹と嘘

やさしいものは
春風と面影

続くものは
水平線と祈り

あなたと離れて
わたしは知った

What are heavy? Sea-sand and sorrow.
What are brief? Today and tomorrow.
What are frail? Spring blossoms and youth.
What are deep? The ocean and truth.

What are heavy?
— Christina Georgina Rossetti

そうね、私は年をとった

小野小町

そうね、私は年をとった

もうおしまいだ
とあなたがいった
そうね
わたしは年をとった
時雨にぬれる木の葉も
かつての約束の言葉も
色あせてしまったから

あのころ　わたしは
夜の衣を裏返して着た
あなたが触れた表地に

いだかれ　素肌で感じていたい
どうか夢で会えますようにと
あなたを想い　袖を通した

いまでは
花の色も　あせてしまった
桜に降る　春の長雨
ほんのひととき
移ろう恋に身を寄せた
かつての私は　綺麗だった

今はとて　我が身時雨に　ふりぬれば
言の葉さへに　うつろひにけり
いとせめて　恋しき時は　むばたまの
夜の衣を　返してぞきる
花の色は　うつりにけりな　いたづらに
わが身世にふる　ながめせしまに

――小野小町

一度でも愛の腕

テオドール・シュトルム

一度でも愛の腕

たった一度でも
愛の腕に抱かれたことがあるなら
おまえの人生は
おちぶれ　くちはて　うす汚れる　ことはない

たった一度でも
愛の腕に抱かれたことがあるなら
おまえの人生が
さげすみ　わらわれ　安物になる　ことはない

見知らぬ土地で　たったひとり　消えるとも
あのくちびるに　ふれて感じた　一秒が
ありありと　よみがえり
いまでもそこに　ふれることができるから
最後までずっと　わたしのものなのだから

さよならよりも　やわらかな　腕に抱かれて
青いのは空

Wer je gelebt in Liebesarmen
—— Theodor Storm

僕は彼女と自由に生きる

J・W・ゲーテ

僕は彼女と自由に生きる

とびきりきれいな彼女の心
手に入れるには　お金や宝石
いくら積んでも無駄なんだ
愛の喜び　贈ってやらなきゃ
おまえ自身を　払ってやらなきゃ

人間って本当は自由に生きられる
だけど束縛されなきゃつらいもの
愛する人のために熱くなるんだ
そしたら彼女も愛のひもで
ぐるぐる巻きにしてくれる
（だけど義務にくくられちゃ駄目だ）

僕のそばではすこし天然
世間の目にはしとやかで
聖母マリアは知らないけれど
きっとおんなじ愛を持つ
彼女は完璧
強いて言うなら欠点ひとつ
僕を愛しすぎてるところだけ

ふたりで食事　テーブルの下
彼女が愛する男の足を
自分の足置きにするとき
かじりかけの林檎　飲みかけのグラス
彼女が僕に渡してくれるとき
くちづけ拒むふりをして
いつもは隠してる胸を見せるとき
僕は本当に満ち足りて　本当に自由だ

ときには恋の話もする
そんなときには声を聞いていたい
言葉だけで十分　くちづけまでは望まない
彼女に宿る知性から
たえまなく新しい魅力が
この部屋に溢れだしているから

畏敬の念が　僕を彼女の足下に投げる
よろこびあふれて彼女の胸によりそう
若いやつには分からない
間抜けなやつには分からない
これが本当の享楽というもの
これが本当の自由というもの

利口になって快楽を求めなよ
そしたら　いつか
おまえが死ぬとき
天使が合唱の輪の中に
連れていこうとするけれど
おまえは彼女にうっとりしてて
死んだことにも気がつかないから

Der wahre Genuß
—— Johann Wolfgang von Goethe

かのひとは美しくゆく
バイロン

かのひとは美しくゆく

彼女の歩く姿は
いつだって最高で
ふかくふかく
まっくらな夜と
きらきらまたたく
星のかがやき
そのふたつが瞳の中で
やわらかく解けていく
そんな女を
ほかには知らない

彼女の歩く姿は
いつだって最高で
ひとすじの光
そっと差し込めば
波打つ黒い髪
歩くたび弾んで
彼女の額から頬へ
言葉にならない美しい影
たとえ傷ついても
清らかなやさしさが香る

彼女が歩く姿は
いつだって最高で
心奪う静かなほほえみ
そこに燃え立つ赤の香り
彼女の過ぎた日々の気高さが
俺の心を無垢の愛で包む
そんな女を
ほかには知らない

彼女が歩く姿は
いつだって美しい

She walks in beauty, like the night
Of cloudless climes and starry skies
And all that's best of dark and bright
Meet in her aspect and her eyes.

She Walks In Beauty
—— George Gordon Byron

夜露のように消え失せろ

在原業平

夜露のように消え失せろ

この世に桜がなかったならば
春の心はおだやかで
かき乱されることはない
この世におまえがいなければ
ひとりの夜さえおだやかで
酒と歌とで満ち足りた

俺はおまえを盗み出した
背負って走る真夜中に
草についた露を見て　おまえは言った

「葉の先で光っている、これは真珠？」
あのときの夜露のように
ふたり　消えたら良かったのに

この月は　あのときの月ではない
この春は　あのときの春ではない
ただ俺だけが　あのときのまま
取り残されて
夜露にふれる
ひとつぶ　こぼれる

世の中に たえて桜のなかりせば
春の心は のどけからまし

白玉か 何ぞと人の問いし時
露と答えて 消えなましものを

月やあらぬ 春や昔の春ならぬ
我が身ひとつは もとの身にして

―― 在原業平

僕は死にたくない

ボリス・ヴィアン

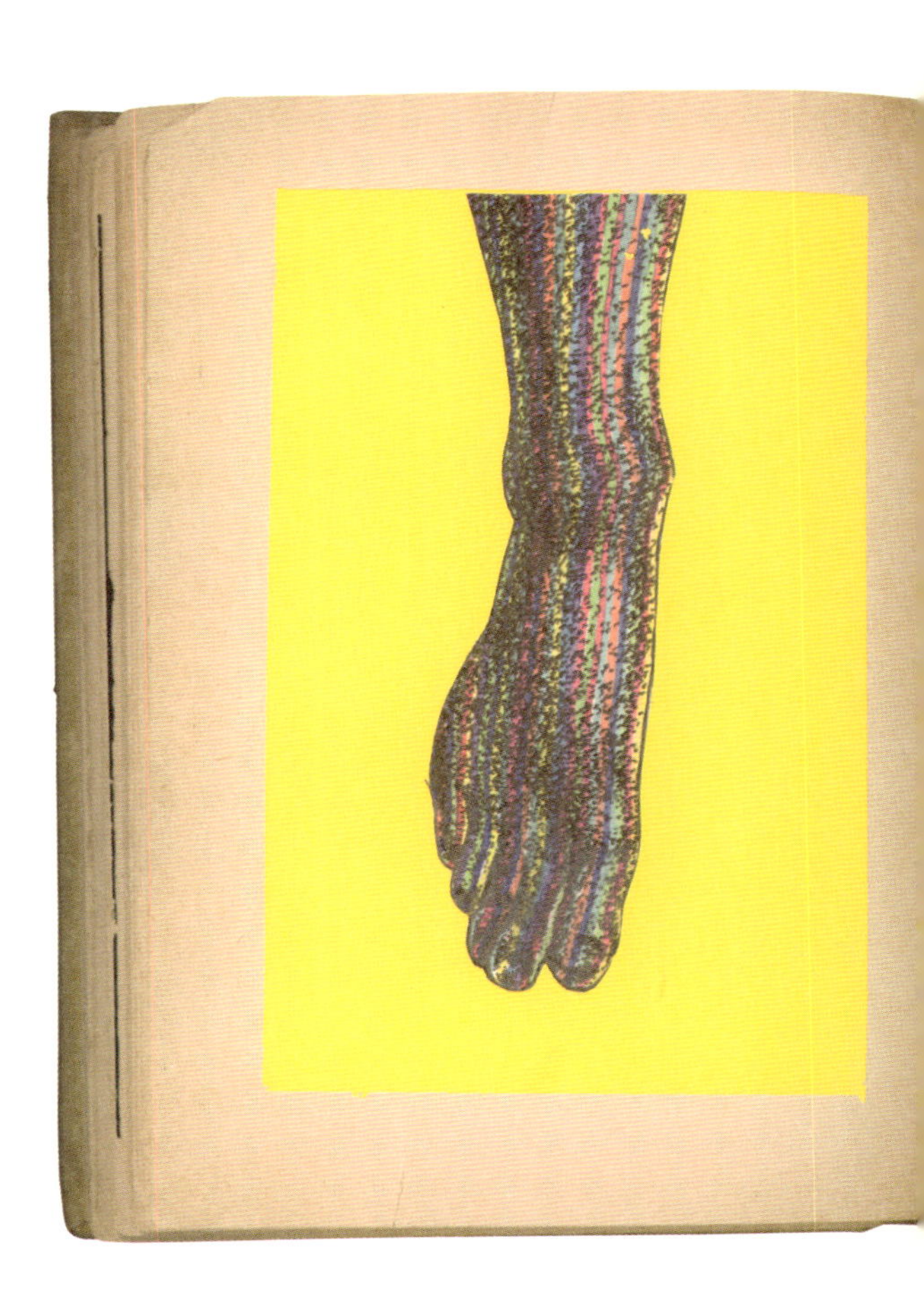

僕は死にたくない

僕は死にたくない
太陽の冷たさ
月の裏側
夢を見ずに眠る
メキシコの黒い犬
銀色の蜘蛛
熱帯を食べ尽す
お尻まるだしの猿たちを
知らずには

僕は死にたくない
女物のドレスで大通りを歩き
マンホールをのぞき込み
枯れないバラの発明
二時間で終わる一日
山にある海　海にある山
四色刷りの新聞
苦痛の終わりを
知らずには

僕は死にたくない
僕のくちびるが　君のくちびるに
僕のゆびさきが　君のからだに
僕の声が　君の耳に
僕のまなざしが　残りのすべてに
溶け合うまで
くらやみでさがす　ふたりの一冊
埋められぬ過去を埋めるまで
僕はくたばりたくない

Je voudrais pas crever
—— Boris Vian

かつて私は信じていた

ハインリヒ・ハイネ

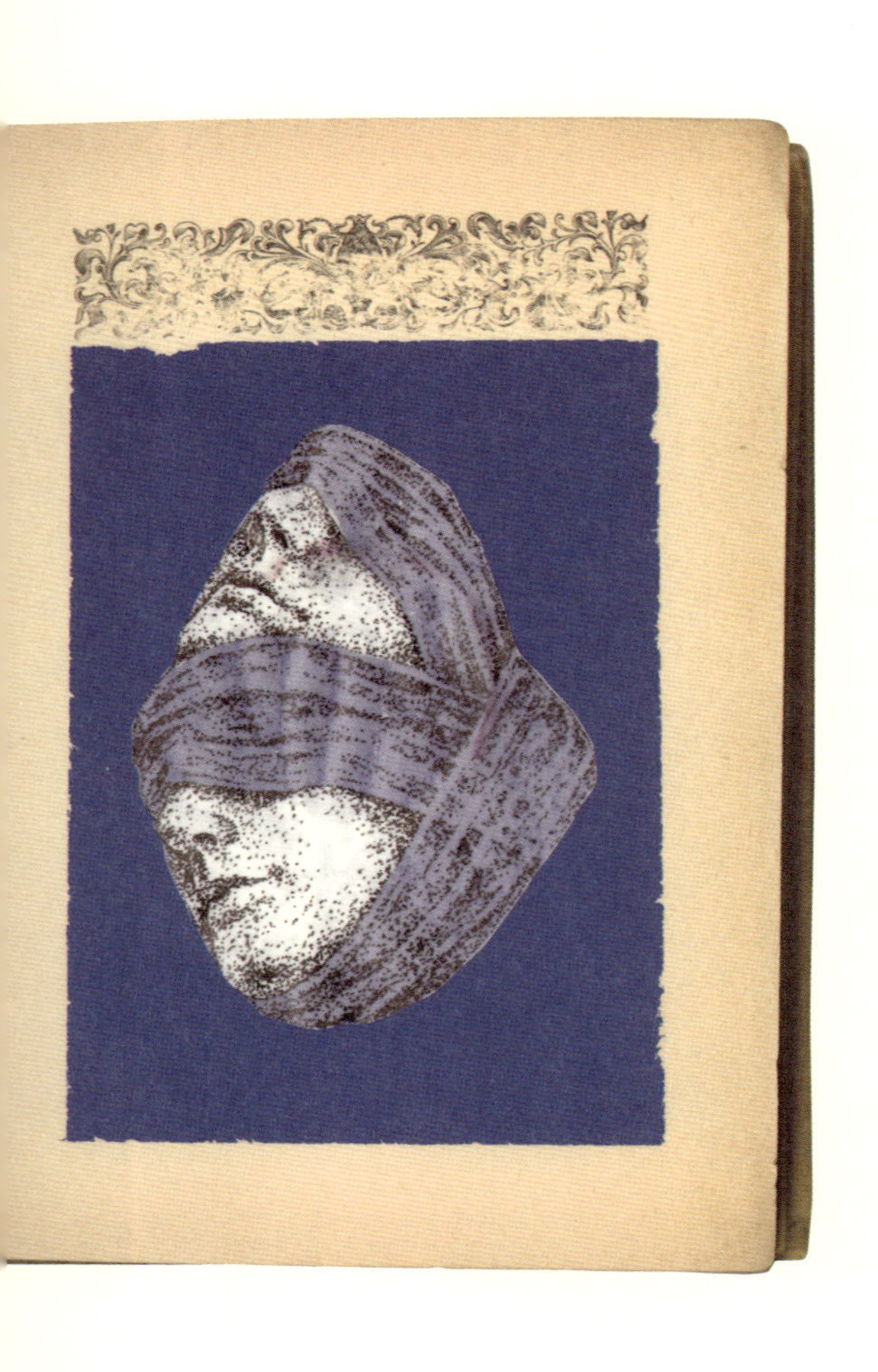

かつて私は信じていた

暗闇でぬすむ　くちづけ
暗闇でかえす　くちづけ
無心になるほど
涙をながすほど
くちづけは　くちづける

かつて私は信じていた
すべてのくちづけは
前世より決められていたできごと
運命の糸　くちびるでなぞるように
ひとつひとつ大切にした

しかし　いまとなっては
あまたの糸が絡まり合って
もはや私の手に負えぬ
それならいっそ　もっと浮気で　でたらめに
過去も未来も　口を結んで

暗闇でぬすむ　くちづけ
暗闇でかえす　くちづけ
無心になるほど
涙をながすほど
くちづけは　くちづける

Hortense / Küsse, die man stiehlt im Dunkeln
── Heinrich Heine

悲しみを食らい、泣きながら笑え

フランチェスコ・ペトラルカ

悲しみを食らい、泣きながら笑え

僕は平和を失ったが　それでも争いたくはない
いま　恐れながらも　希望を抱き
心は燃えながらも　氷のようで
空を飛びながら　地面に這いつくばり
何ひとつ持っていないようで
あなたといると　世界のすべてを抱いてるみたいだ

あなたは僕を監獄に閉じ込めた
鍵もかけなければ　解放することもない
僕のことを　自分のものだと言って欲しい
さもなくば　どうか　この縄をほどいて

とどめを刺す気がないなら
せめて　この手錠を外して欲しい

目がなくとも見つめ　舌がなくとも叫び
死にたいと願いながら　命乞いをして
自分を憎みながらも　僕は人を愛している

苦しみを食らい　泣きながら笑い
生きることも　死ぬことも
いまでは　ひとしく　愛おしい

誰がこんなにも　僕を変えてしまったのか
それは奥様　あなたなのです

SONETTO 104
—— Francesco Petrarca

私はあなたの帯になりたい

陶淵明

私はあなたの帯になりたい

私はあなたの　衣の襟になりたい
首の香りを　いちばん近くで
感じていたいから
（夜になれば　私は脱ぎ捨てられるのです）

私はあなたの　帯になりたい
たおやかな細い腰　締め上げて
束ねていたいから
（季節変われば　私は脱ぎ捨てられるのです）

私はあなたの　髪油になりたい
真っ黒な髪を　その白い肩のうえで
とかしてあげたいから
（悲しいことに沐浴で　私は洗い流されるのです）

もしくは私は　眉墨になりたい
あなたのまなざし　向かう方へ
上に下にと動いていたいから
（化粧直しのたびに　白粉に塗りつぶされるのです）

私はあなたの　寝床になりたい
その華奢な体　つつむように
休ませてあげたいから
（冬になれば　虎の毛皮に交換されてしまうのです）

どれもこれも　叶うこと無き　私の願い
山にはばまれ　河に流され
身のほど知らずの　高望み
あまりに早く　日は暮れて
たった１００年　生きられない
私たちの毎日は　喜び少なく　悲しみ多く

だから私は　詩を書こう
風よ　夜風よ　どうかこの
思い煩い　そのすべて
遠き海まで
吹き飛ばしておくれ

閑情賦
――陶淵明

悲しい私の木綿の肌着

フェデリコ・ガルシーア・ロルカ

悲しい私の木綿の肌着

レモンジュース　みたいな涙
なめてみてよ　大きな悲しみ
結んだ黒髪　ふたつのおさげ
床に垂らして　誰かとふたり
狂った女　みたいな私

夜明け求めて　おんどりが
くちばしで地面　けずる時
暗い山から　私は降りる
誰かの影を　静かに抱いて

こんな時間に　おまえは誰を
たずねていたと　きかないで
さがしたいもの　さがすだけ
ジプシーたちの　終わらない唄

オリーブオイル　背中こぼして
なめてみてよ　大きな悲しみ
からだも服も　白くはないと
知っているけど　やさしくふれて
悲しい私の　木綿の肌着

Romance de la pena negra
—— Federico García Lorca

みだれ髪

与謝野晶子

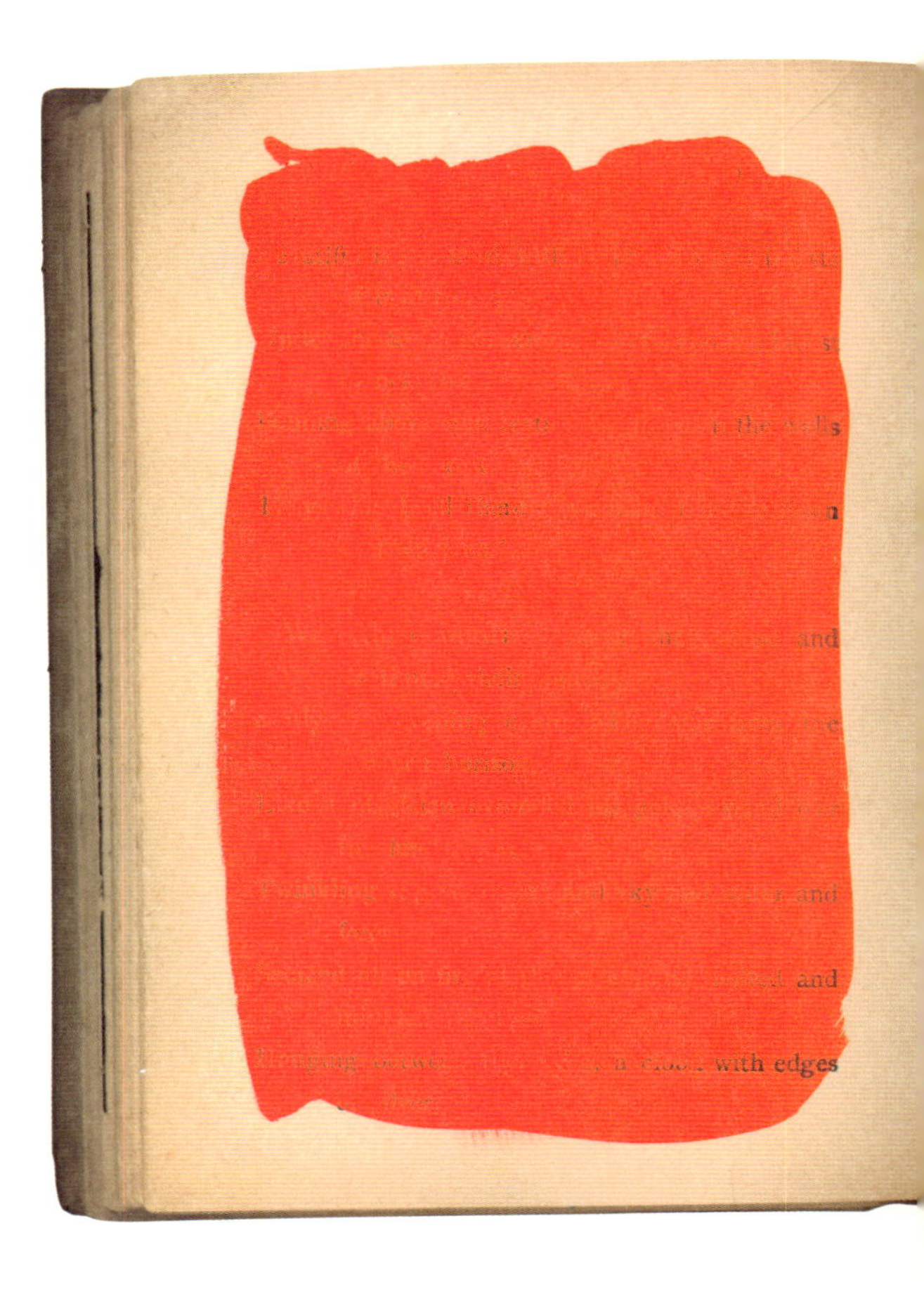

みだれ髪

あなたは　わたしの熱い肌
触れもしないで　世界を語る
ほんとの世界は　ここにあるのに

春はみじかく　浮世は夢よ
あなたの腕を　たぐり寄せ
手のひらのうえ　はずむ私の胸ふたつ

黒くてきれいな　わたしの髪も
あなたがふれた　心臓も
みだれ　みだれて　朝になる

恋する女の　くちびるに
つやつやグロス　毒入りの
滑らせたいの　わかるでしょ

やは肌の あつき血汐にふれも見で
さびしからずや 道を説く君

春みじかし 何に不滅の命ぞと
ちからある乳を 手にさぐらせぬ

くろ髪の 千すじの髪のみだれ髪
かつおもひみだれ おもひみだるる

人の子の 恋をもとむる唇に
毒ある蜜を われぬらむ願い

——与謝野晶子

世界でいちばん悲しい女

マリー・ローランサン

世界でいちばん悲しい女

世界でいちばん悲しい女
いったい誰か
お話ししましょう

憂鬱で退屈な女より　悲しいのは　幸せをつかめない女
幸せをつかめない女より　悲しいのは　病気に苦しむ女
病気に苦しむ女より　悲しいのは　捨てられた女

世界でいちばん悲しい女
あなたもいつか
出会うでしょうか

捨てられた女より　悲しいのは　生涯ひとりの女
生涯ひとりの女より　悲しいのは　求められない女
求められない女より　悲しいのは　死んだ女

そして
死んだ女より　悲しいのは　忘れられた女

世界でいちばん悲しい女
あなたもいつか
知るのでしょうか

Le Calmant
—— Marie Laurencin

戦争四年目

ヘルマン・ヘッセ

戦争四年目

雨がぽつぽつ　ふりだして
つま先濡らす　夕暮れどき
物悲しいのは　あたりまえ
だけど　こんな時だって
おれは自分の歌をうたう
聴いてる人がいなくとも

雨がしとしと　ふりだして
外套　銃身　黒くぬらす
火薬の匂い　鉛の空気

だけど　こんな時だって
あの窓　この窓　向こうでは
ひそかに愛が　燃え続けている

銃弾飛び交う　空の下
カーテン締めて　愛を　交わせ

崩れ落ちてく　がれきの上
きつく抱きしめ　愛で　笑え

Im vierten Kriegsjahr
── Hermann Hesse

国破れて山河在り

杜甫

国破れて山河在り

おもちゃみたいに壊れた街に
それでも　春はやってくる
山はいつでも　そこにあり
草は青く　木々は風にそよぐ
戦争なんて　可笑しいだけ
花を見て　ただそれだけで　涙が出る
おまえ想えば
鳥の鳴き声　ただ聞くだけで　心が揺れる

おもちゃみたいに壊れた街で
100日つづく　血の争い
宝石よりも大切な　手紙を胸に縫い付けて
遠く離れた　おまえを想う
もはや　手柄や冠よりも
ただ　ふたりで　暮らしていたい
国を持たない　ふたりでいたい
誰も知らない　山の向こうで

国破山河在
城春草木深
感時花濺涙
恨別鳥驚心

烽火連三月
家書抵万金
白頭掻更短
渾欲不勝簪

春望
——杜甫

おれもおまえも夢のまた夢

エドガー・アラン・ポー

おれもおまえも夢のまた夢

おまえのひたいに　おれのくちづけ
いま別れのひとときに
ひとこと言わせてくれ
おまえは間違っていなかった
ふたりの日々は夢だった
けれど
真夜中の闇に　白昼のまぼろしに
希望が消え去ったからといって
ふたりの日々が
意味のない夢だったとは思わない
ふたりが生きるこの世界さえも
すべて　夢のまた夢にすぎないのだから

打ち寄せる波　砕ける響き
そのなかに立ち尽くし
金色の砂を握っている
ふたりの日々を嘆くほど
音もなく
指の間をさらさらとこぼれ落ち
ひとつぶさえも残らない
神様
どうして　この両手
これほど何もつかめない
ひとり見つめる冬の海さえ
すべて　夢のまた夢にすぎないのだろうか

A Dream within a Dream
—— Edger Allan Poe

さよなら、たまねぎ

フリードリヒ・ニーチェ

さよなら、たまねぎ

わらのベッドに横になり
寝返りうって　気分は最悪
腹も痛いし　虫にもさされ
だけど向こうじゃ
ほのかな灯りと　笑い声
ああ　聴こえるよ　ばかやろう
みんな楽しく踊ってるんだ

この時間に彼女は来るといったのに
そんな気配はまったくなくて
俺はただ　犬みたいに待っている
彼女が来るのを　待っている

十字を切って約束したのに
やっぱりあいつは嘘つきで
俺の飼ってる牝ヤギみたいに
だれかれ構わず　ついていくのか？

あいつが着てた新品の服
いったい誰から貰ったんだ？
やっぱりあいつは　ずるい女で
この森には　牡ヤギたちが
わんさかわんさか　いるらしい

とまあ、こんな具合に待ちぼうけ
報われぬ恋をしていると
分かるだろう
切なくも　腹立たしさと　いらだちで
ひねくれた　卑屈な気持ちになっちまう
雨の夜　にょきにょき生える　毒キノコ

こころもからだも　すり減って
食欲なんて　ありゃしない
さよなら　たまねぎ　心臓ぺりり

月も海で溺れてる
中古の星は　くたびれて
うっすら夜も　あけてきた

まったく死にたい気分だぜ

Lied des Ziegenhirten
—— F・W・Nietzsche

夜が来たから寝たのでしょうか？

ジョン・ダン

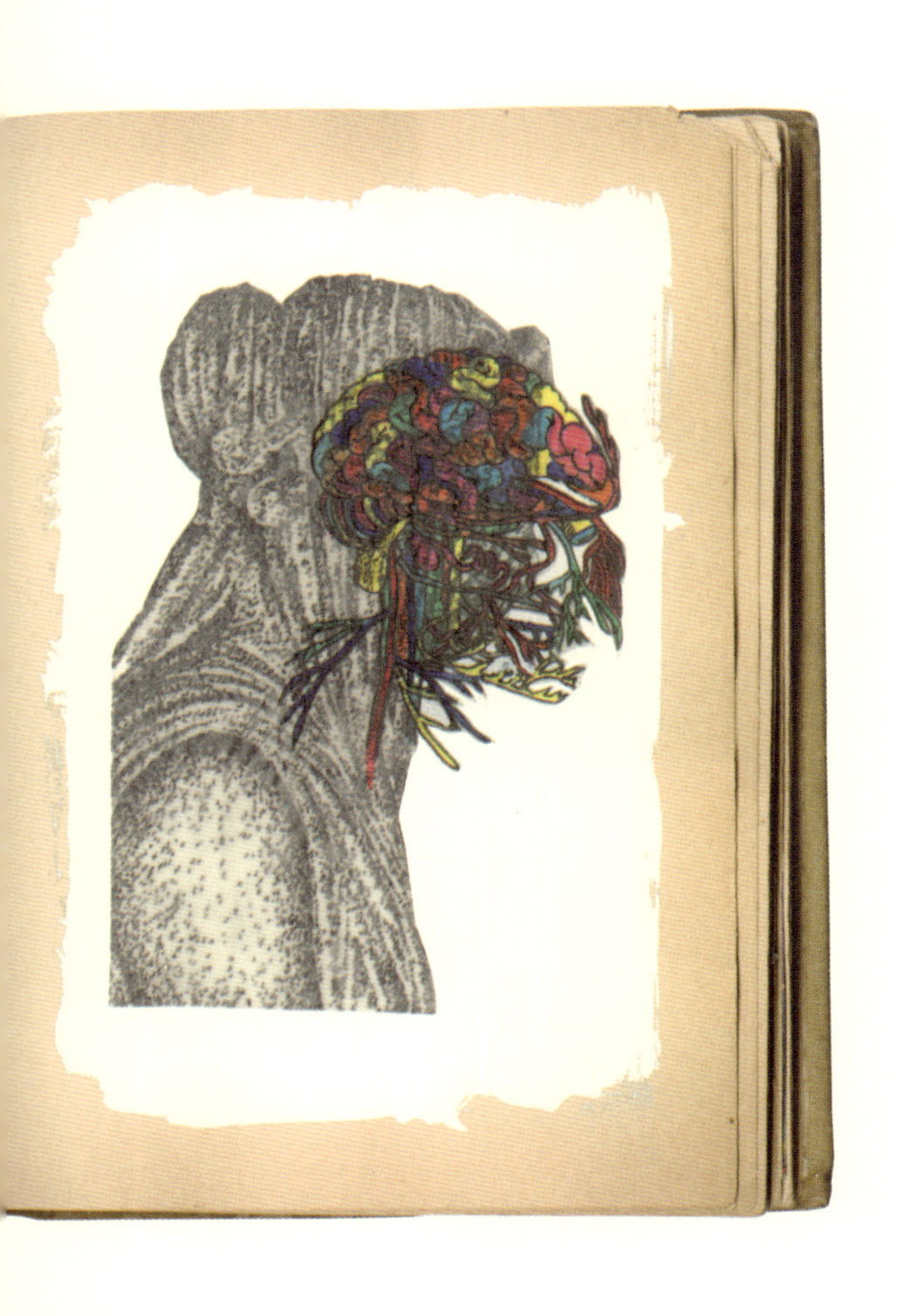

夜が来たから寝たのでしょうか?

朝が来たわ　でも　それがなに?
朝が来たから行ってしまうの?
それなら私たちは
夜が来たから寝たのでしょうか?
夜の闇のなかでさえ二人を導いた愛なら
朝の光のなかでも二人を寝かせて

太陽に口はないわ　あるのは目だけ
カーテンの隙間から覗き見されても
太陽は何にも言えない役立たず
私はただ　となりにいたい

すべてを話した私はあのひと
あのひとは私

仕事を理由に行くのでしょうか？
それは愛の命を奪う一番の病気
お金がなくても容姿が悪くても嘘つきでも
愛は見逃してくれるけど
「忙しい」という人だけは駄目
仕事を抱えて恋するなんて
妻がいるのに口説く人と同じなのですから

Break of Day
―― John Donne

長い髪で両手を縛って

ハインリヒ・ハイネ

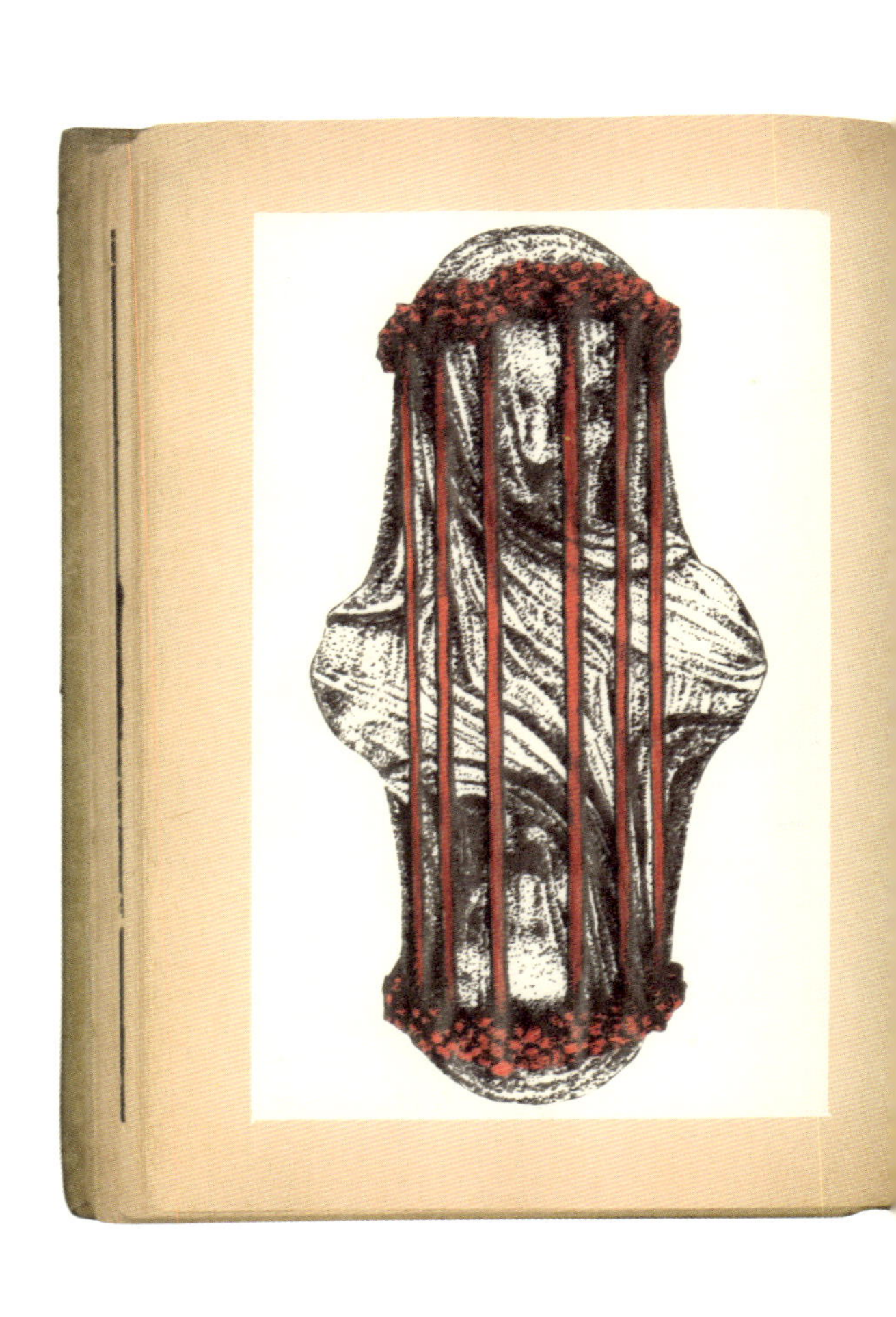

長い髪で両手を縛って

昼は天国みたいに　すばらしく
夜は神様　ありがとう
キティはとびきり　きりきり美人
ワインは　もちろん上等で
際限なく　求めてる
俺の心臓　ドラムのひびき

赤いくちびる　暴風雨
はげしいくちづけ　くぐりぬけ
まわる心は　くるくるまわる
くるったコンパス　示す方角

茶色の瞳　きらきらと
俺を見つめて　小さく喉を鳴らしたキティ

華奢な体で　ぎゅっと抱きしめ
離してくれない　彼女の両手を
長い髪で　ぐるぐる縛り
自由を奪う　俺の悪知恵
部屋にひとり　置き去りに
とびらやさしく　やさしく閉めた

Kitty
― Heinrich Heine

ひとり暮らしの彼女の部屋を

J・W・ゲーテ

ひとり暮らしの彼女の部屋を

こんな季節の真夜中に
かるくキスして「また明日」
ひとり暮らしの彼女の部屋を
クツをとんとんさせながら
出ていくのって悪くないよね

音死に絶えた　静かな森を
抜けてくように　環七越えて
ビルのすきまに　月の光
名前も知らない　なんかの花
ふわっと香って　息を吸う

並木道をさらさら鳴らし
やさしくふいてる春の風
もしも彼女がこの夜を
この先いくつかくれるなら
もう他には何もいらない

いつかふたりは一緒に暮らす
ただそれまではこの夜の
ちいさな散歩が好きなんだ
僕と彼女をつないでる
静かな道は午前二時

Die schöne Nacht
── Johann Wolfgang von Goethe

雪が白なら彼女の胸は

ウィリアム・シェイクスピア

雪が白なら彼女の胸は

彼女の瞳より太陽は輝いてるし
彼女の唇より珊瑚のほうが赤い
雪が白なら彼女の胸は浅黒く
髪が絹なら彼女の髪は黒い木綿

赤と白が溶け合ったバラは
彼女の頬には咲いてないし
ちまたにあふれる香水は
彼女の吐息よりもいい香り

その声を聞くのは好きだけど
音楽のほうが心地よく響き
女神が歩く姿を見たことはないけど
彼女は普通に地面を踏んで歩いてる

でもさ、ほかの詩人が嘘だらけの比喩で描く
どんな女たちよりも、僕の恋人は美しいんだ

Sonnet 130
—— William Shakespeare

妻の条件

フランシス・ジャム

妻の条件

私の妻になる人は
つつましく
たおやかで
何でも話せる
友達みたいな親密さを
合わせもち

私の妻になる人は
夜になればシーツの上
そっと手を取り
胸の間にペンダント
ゆれてかくれて
ふたりおんなじ夢を見る

私の妻になる人は
夏の木陰に眠っている
すもものようになめらかで
まっしろな肌
ほほをよせれば
香水いらずの　あの香り

私の妻になる人は
花の眠りの番をする
蜜蜂のような
つよさとやさしさ
私が寝息をたてるとき
その魂に寄り添って

私の妻になる人は
私がこの世を去る時に
やさしく瞼を閉じさせて
枕元で指を組み
しずかにしずかに
祈ってくれる

いまはあやうい　その日ぐらしの　私のくらし
神様それでも　いつかいつか　いつの日か

Prière pour avoir une femme simple
— Francis Jammes

初恋

島崎藤村

初恋

林檎の木の下で
いつものように待ち合わせ
髪を結い上げた君を見て　どきり
そんな髪飾り　うそだろ
いつもの君じゃないみたいだ

白い手をさしのべて
君は林檎をひとつ渡した
手のなかの小さな心臓に　さくり
薄紅色に　そっと刺すナイフ
恋のはじまりみたいな重さ

思わずこぼれる僕の溜息が
君の髪を揺らしている
小枝を踏んで　ぱきり
あと少しで届くこと
恋に酔ってる　僕らは知ってる

林檎の木の下に続いている
この小さな細い道
「だれが踏みしめて出来た道なの？」
なんて意地悪く問いかける
君がとても愛しくて
ちいさな赤に　やさしくふれる

まだあげ初めし前髪の
林檎のもとに見えしとき
前にさしたる花櫛の
花ある君と思ひけり

初恋
――島崎藤村

若い女が嘘をつき

ウィリアム・シェイクスピア

若い女が嘘をつき

若い女が嘘をつき　俺はそれを信じる
もちろん嘘だと知ってはいるが
まだ若く　世間を知らない男だと
彼女が思ってくれるなら
俺は信じたふりをする

だが本当は彼女も知っている
俺の若さは遠い昔に消え失せたこと
ふたりそれぞれ真実を隠し合い
彼女は自分の嘘を明かさず
俺も年を取ったとは言わない

愛の最良の衣装　それは信頼を装うこと
ふたりの嘘が必要なんだ
信じたふりがよく似合う
年の離れたふたりが笑う

Sonnet 138
—— William Shakespeare

からだは、いらない

ライナー・マリア・リルケ

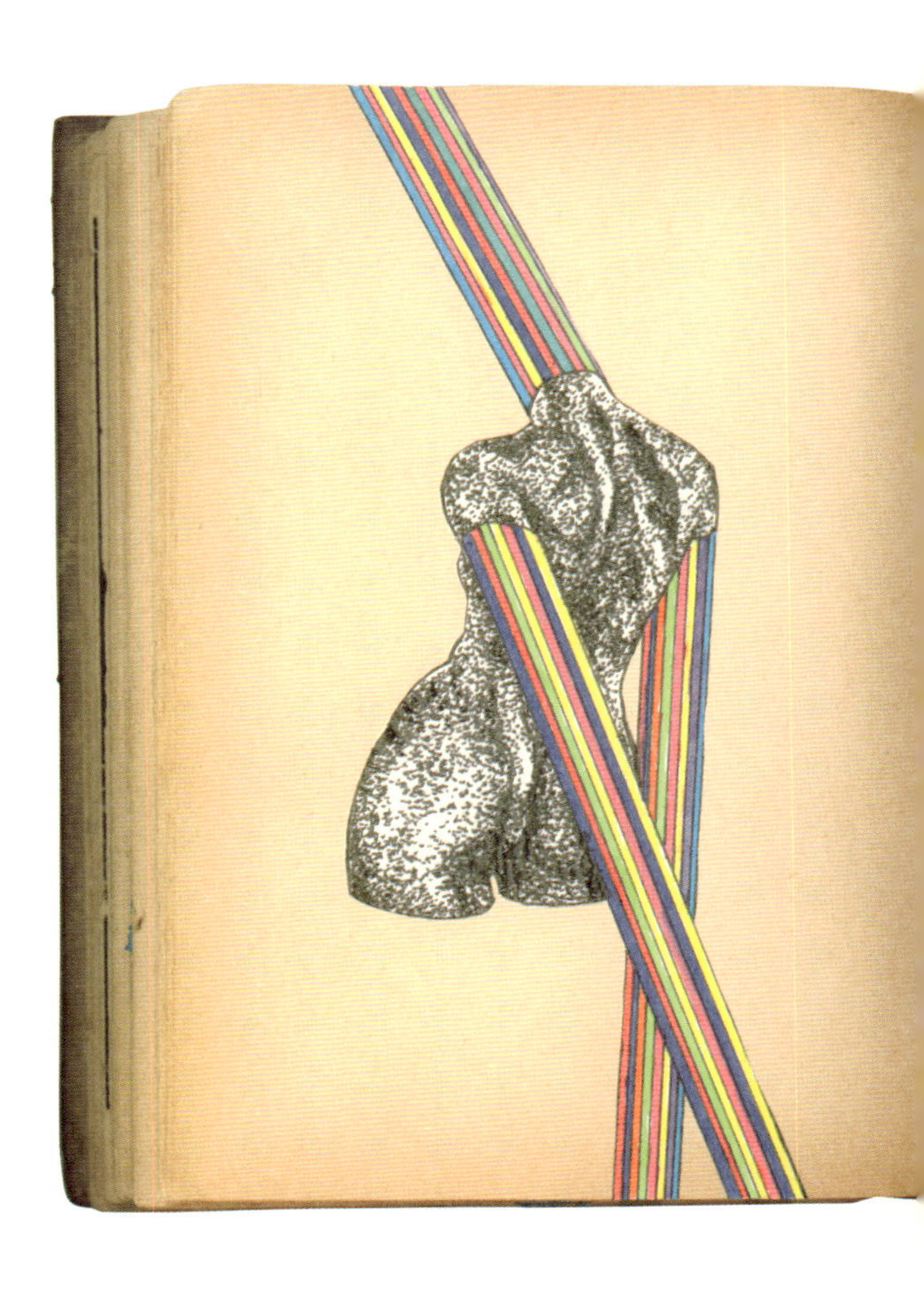

からだは、いらない

この声　枯れ果てても
おまえの名を　呼ぶだろう

この目　潰れようとも
おまえの姿を　見るだろう

この耳　音をなくすとも
おまえの声を　聞くだろう

この両足　失おうとも
おまえのもとへ　行くだろう

この両腕　折られても
おまえをきつく　抱きしめよう
この鼓動　止まっても
意識でおまえに　ふれるだろう
この身　すべて引き裂かれても
流れる血潮に　おまえを映そう

だからいま
せめていま
時間を止めろ
夜の夜には

Das Buch von der Pilgerschaft
— Rainer Maria Rilke

僕らはみんな落ちていく

ライナー・マリア・リルケ

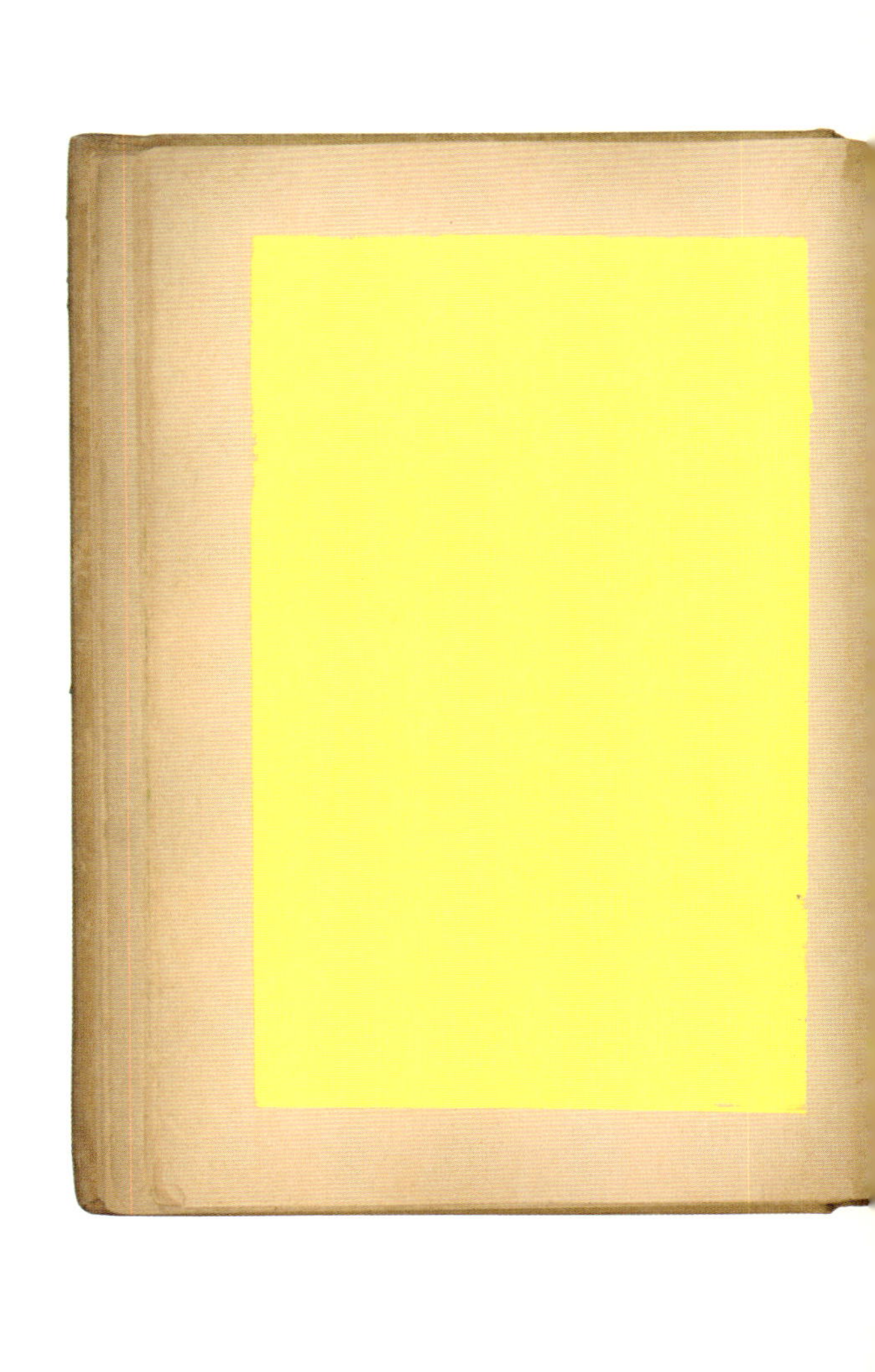

僕らはみんな落ちていく

僕らはみんな　落ちていく
夜になったら　地球さえ
かがやく星の　間すり抜け
孤独のなかに　落ちていく

僕らはみんな　落ちていく
この手もいずれ　落ちていく
いま見えている　この世界
すべてに落下が　あるのだと

こぼれた　ことば
こぼれた　絵の具

こぼれた　ひみつ
ながれた　あの色

僕らはみんな　落ちていく
葉っぱと一緒に　落ちていく
星と一緒に　落ちていく
孤独のなかに　落ちていく

だけど落ちてく　このすべて
やさしく両手で　受けとめる
たったひとりの　あのひとが
すくってくれる　あのひとが

Herbst
—— Rainer Maria Rilke

月下独酌

李白

月下独酌

花にかこまれ　酒でも飲もう
あの子を思って　ひとり酒
まあまあ　それも悪くないけど

空から　月を呼び寄せて
地面で眠る　影を起こして
さあさあ　たまには三人で

月は下戸　影はひかえめ
俺の目は　深い湖　水の色
だけど　飲もうか三人で

俺が歌えば　月もゆらゆら
俺が踊れば　影も舞い
酔いが回れば　みんなばらばら

醒めないでくれ　もう少し
行かないでくれ　朝焼けに

あの子とは　結べなかった約束を
交わして　そっと　別れよう

いつか　この身が滅びても
きっと再び　落ち合おう
盃片手　はるか宇宙のかたすみで

月下独酌
―― 李白

落ち葉みたいにばかやろうだね

ポール・ヴェルレーヌ

Historical Introduction ix

while there were whispers of a rising among the prisoners, and although the transports which had been ordered from Boston had not yet arrived, it was determined to make use of the vessels which had conveyed the troops, and remove the men to these for safer keeping. This was done on the 10th of September, and the men remained on the vessels in the harbor until the arrival of the transports, when these were made use of, and about three thousand souls sent out of the coun lina, Virginia,

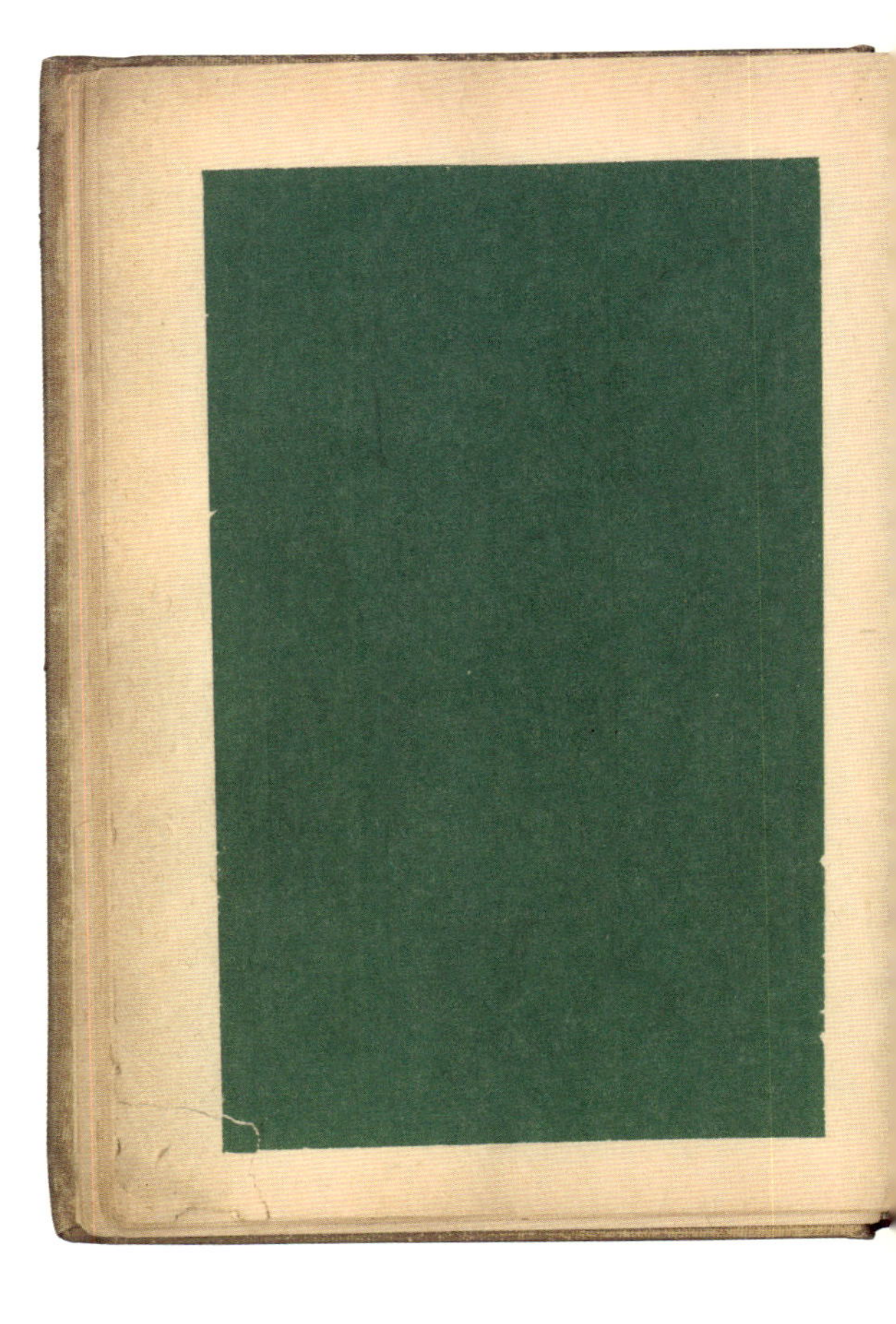

落ち葉みたいにばかやろうだね

泣き止まないで　バイオリン　秋
こころしのびこむ　音符たち
忘れていた　傷のこと
おもいだす　俺
ばかやろうだね

過ぎさった日々　打ち鳴らせ　鐘
死んでいった　時間たち
息が切れる　ほどの後悔
なみだのつぶは
ただの水だね

吹くにまかせて　ふらふらと　風
いくあてのない　夜の街
落ち葉みたいに　うらおもて
ながされて　俺
ばかやろうだね

Chanson d'automne
—— Paul Verlaine

くちびるにオオカミ

J・W・ゲーテ

くちびるにオオカミ

別れた時と同じ姿で
愛したあいつが
帰ってきてくれるなら
そのくちびるに
オオカミの血がべったりと
真っ赤に塗られていたとしても
はげしいくちづけの響きを立てよう
五本の指すべて
毒蛇になっていたとしても
お前の手をしっかりと握ろう
もう二度と離さないように

そして風に問いかけてみよう

もしも
ちょっとした優しさがあるなら
おれたちの言葉を
ひとつずつでいい
運んでくれないか
ふたりが遠く離れていても
少しは言葉を交わせるように

金とか酒とかそんなもの
おれにはもう
どうでもよくて

それでも
あいつのことだけは
それでも
あいつのことだけが

Finnisches Lied
—— Johann Wolfgang von Goethe

ふたつ、かさねて

E・E・カミングス

ふたつ、かさねて

今日も私は行くだろう
あなたの心を
私の心に重ねて
どこへでも
けっして離すことはない

どれほどふたりが離れても
私の行く場所は
あなたの行く場所
私の成すことは
あなたの成すこと

もう運命など恐れない
あなたが私の運命だから
もう世界など欲しくない
あなたが私の美しい世界だから

誰も知らない深遠な秘密
ふたりだけが知る
すべてのはじまり
かなたの未来

柔らかな森のなか
あの一本の木は
空高く枝をのばすだろう
どんな祈りよりも確かに

金のくさりを　引きちぎって
空に星が瞬く　その神秘のように

今日も私は行くだろう
あなたの心を
私の心に重ねて

I carry your heart with me
— E. E. Cummings

落ち葉を踏んで僕らは歩く

レミ・ド・グールモン

落ち葉を踏んで僕らは歩く

僕は好きだよ　落ち葉ふむ足音
さくさくさくと　君と一緒に森のなか
小さな道も何もかも　覆い尽くした葉っぱの世界

僕は好きだよ　落ち葉ふむ足音
色はやさしく　姿はかなしい
どうかお願い　死んだ葉っぱと呼ばないで

君は好きかな　落ち葉ふむ足音
はらはらはらと　小鳥の羽が舞い落ちる
ゆうぐれどきの風が吹き　小さく泣いた枯葉たち

さあ　肩組んで歩こう
僕らもいつか落ち葉になるけど
さあ　寄り添って歩こう
もうすぐ夜がやってくるから
僕は好きだよ　落ち葉をふむ足音が

Les feuilles mortes
— Remy de Gourmont

世界で一番静かな場所で

マックス・ダウテンダイ

世界で一番静かな場所で

たったひとつ　お願い
あなたの静かな眼の中に
私を休ませて
世界で一番静かな場所で
私を休ませて
あなたの黒いまなざしの中に
私は眠りたい

優しい夜の闇のように
そこはとても心地がいいから

暗い地平線を飛び越え
たった一歩で　あの空に届くから

あなたの眼の中に
私の世界は終わる

お願い
世界で一番静かな場所で
私を休ませて

Laß mich in deinem stillen Auge ruhen
— Max Dauthendey

地平線

マックス・ジャコブ

地平線

あなたの白い腕だけが
わたしのすべての地平線

Horizon
— Max Jacob

50年後にページを開いて

ウィリアム・バトラー・イェイツ

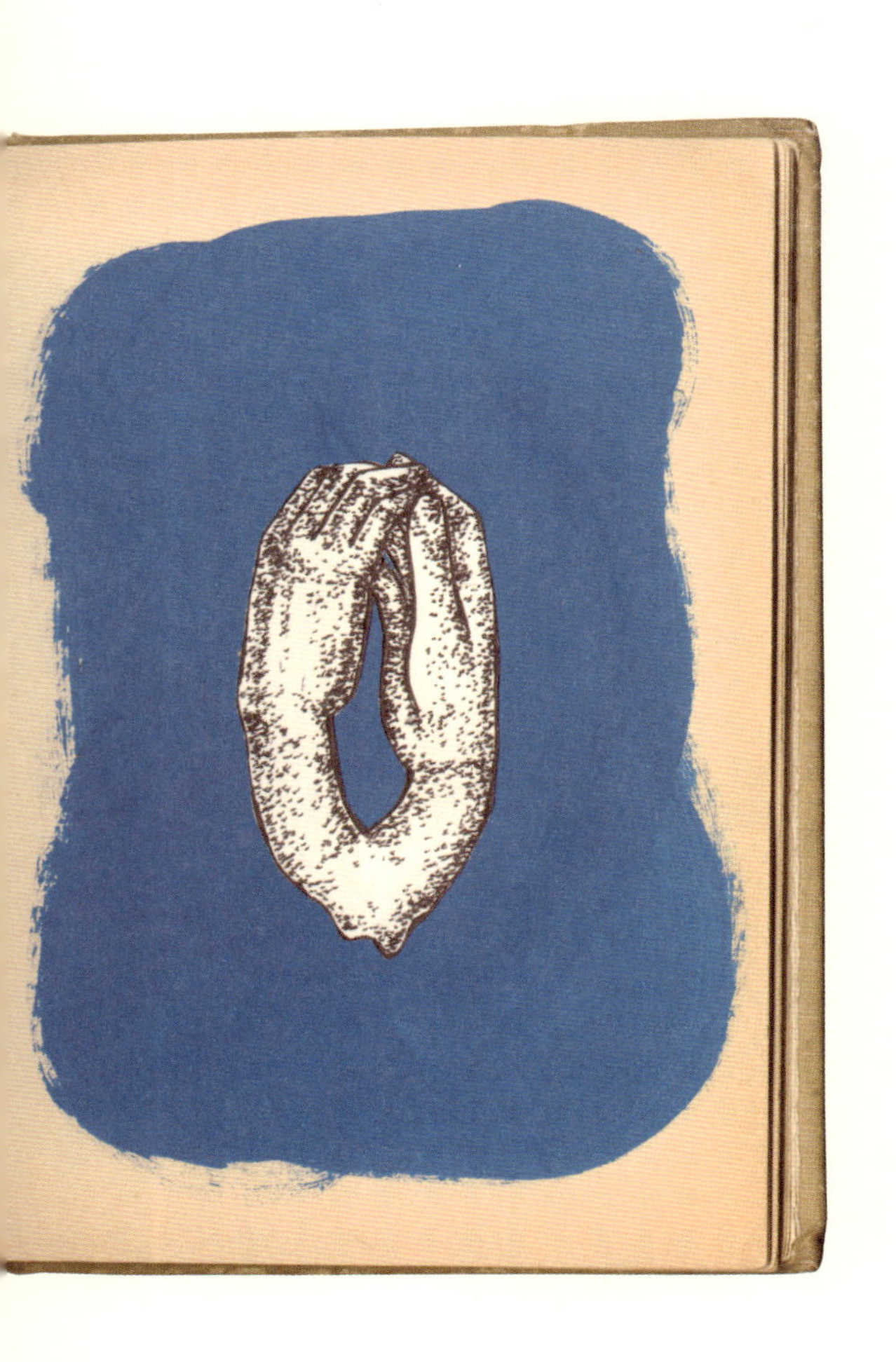

50年後にページを開いて

50年後　年老いた君がページを開く
そのとき僕はもういないかもしれない
だけど　君の髪が白くなり
赤く燃えてる暖炉のそばで
うとうと眠りに満ち足りて
ひとり静かにまどろむときに
この詩集を開いて欲しい

ゆっくり言葉を　指でなぞって
そして夢を見て　思い出して欲しい
若かったあの頃の　深く優しいまなざしを

これまで多くの男たちが
その美しさと　甘やかな時間を求め
真実の愛や偽物の愛で
君のことを愛したけれど
たったひとりだけが
ひたむきに巡礼する君の魂を愛し
たったひとりだけが
君の顔に浮かぶ　悲しい時間さえ愛した

50年後　年老いた君がページを開く
そのとき僕はもういないかもしれない
だけど　遥か彼方の山を越え
星座の向こうに顔を隠した
たったひとつの愛のこと
ひとり静かにまどろむときに
すこし悲しくささやいて欲しい

ゆっくり言葉を　指でなぞって
そして僕らは　手をつなぐ
時間を越えて　ページの裏で

When You Are Old
── William Butler Yeats

おわりに

古いものに新しいものを重ねた時に、その価値はどう変わっていくのだろうか。そんな重なりゆく「時間」をテーマにcakes（ケイクス）で始まったWEB連載「超訳 世界恋愛詩集」。全47回の連載から35篇を抜粋してこの一冊の本が出来上がりました。

私は古い詩の輪郭をペンでなぞり、新たな言葉を重ねる。絵を担当して下さった現代美術家の久保田沙耶さんは２００年前の古い詩集の上に絵の具を落として輪郭をなぞり、新たな色をページに重ねる。時にその絵に導かれるように、この作品の言葉たちは生まれてきました。はるか昔に生きた詩人と、今に生きる私たち。時間を越えた三者の重なりがこうして一冊の本になったこと、とても嬉しく思っています。

超訳と銘打っている本書。どの程度の超訳なのか、その度合いは詩によって様々ですが全ての原文はcakesに掲載されているので興味のある方はぜひご覧ください。一例までにクリスティーナ・ロセッティ「いくつかの答え」をあげると、後半の「染まるものは空と体／見えないものは夜の虹と嘘／やさしいものは春風と面影／続くものは水平線と祈り」は前半部分のロセッティへのアンサーとして、私の言葉を新たに返しています。教科書でおなじみの和歌や漢詩なども原文との比較がしやすいかもしれません。

中国の詩人たちは雄大な自然と共に愛を紡ぎ、シェイクスピアはさすがの構成力、短歌は僅か31文字の行間から読み手それぞれの深遠な世界が立ちのぼる。もしも彼らが今の時代に生きていたら、どんな言葉を紡いだのか。いにしえの詩人たちの目玉を借りて（ある種イタコのように）書き進める中で感じたのは普遍的な私たち「人」の営みというものでした。恋する人の姿は何百年、何千年前でも、今の私たちと何ら変わるところがありません。詩集の翻訳はなかなかアップデートされず、その多くは図書館や本屋の片隅で埃をかぶって開かれること無く眠っていますが、そこに込められた想いは間違いなく今に生きる私たちの心に重ねることができます。

かつて吟遊詩人たちはその声で詩を伝えてきました。1445年頃、グーテンベルクにより活版印刷が発明されると、詩人たちも言葉をインクに載せて紙の上で詩を伝えてきました。そして印刷の発明から600年近くが経ち、私たちの世界にインターネットが現れた現在。SNSでは小さな言葉たちが日々「超小型出版」という形でボタンひとつで世の中に送りだされ、動画で自らの声を世界中に聞かせることも出来ます。紡がれる言葉の総量は毎秒何億テラバイトかで増え続け、かつてないほどの自由さと乱雑さ、そしてある種の規律を持ってデジタルの世界に積層されてゆく。この先、何十年何百年後には切立った山の土くれから宝石や化石でも見つけるように、美しい言葉たちがそこから発掘されたりするのかもしれません。

いまから500年後1000年後の未来には、恋の詩はどんな風に紡がれているのでしょうか。詩はどんなかたちをしているのでしょうか。決してやむことの無い私たちの表現への欲求、その渇望は、きっと詩をそそぐ新しい器(うつわ)を作り出しているはず。そして1000年後に生きる詩人たちもまた、昔々の詩人たちの静かなまなざしに、自らのまなざしを重ねることでしょう。過去と未来の言葉たちに思いを馳せつつ、この本もまた、長く愛される一冊になってくれたら幸いです。

最後に、素晴らしい作品を描いて下さった久保田沙耶さん、図書館の片隅に数々の宝石を残した32人の詩人たち、そして、この本を手に取ってくれた皆さんに。心からの感謝を込めて。

2017年7月　菅原敏

詩人略歴

エミリー・ディキンソン（1830―1886）

19世紀アメリカの女流詩人。名士を多く輩出するマサチューセッツ州の裕福な家に生まれ、当時の女性が受け得る最高の教育を受けて育った。56年の生涯ほとんどを生家で過ごし、国内を旅行することもまれであった。ひきこもりのような生活のなかで詩作に没頭し、愛と死をテーマにパーソナルな内面世界を描いた。詩作の数は1700篇に上るが、生前にはわずか数篇の詩を地方紙に発表したのみであり、詩人としての評価は死後20世紀まで待たねばならなかった。生涯を独身で通したが、官能的な愛の詩も多数。彼女の性愛については同性愛者説など様々な議論がなされている。

クリスティーナ・ロセッティ（1830―1894）

イギリスの詩人。長兄は画家・詩人のダンテ・ゲイブリエル・ロセッティ。父もまた詩人であり、次兄や姉も著述家という家庭に育ち、13歳より詩作を始める。イギリス国教会の熱心の信者でもあり、婚約者がローマン・カトリックに帰依したため結婚を断念する。また、兄ダンテの描いた聖母マリアなど、ラファエル前派の画家たちのモデルも務めた。社交を好まず幼い頃から肺を患い病気がちだったため、その64年の生涯のほとんどを家庭内にひきこもり詩作に注いだ。そんな隠者のような生活が、同じ年に生まれたアメリカの詩人エミリー・ディキンソンと比較されることも多い。

小野小町（生没年不詳）

平安時代前期、9世紀中頃の女流歌人。「古今和歌集」の序文に記された「六歌仙」（僧正遍昭、在原業平、文屋康秀、喜撰法師、大友黒主、小野小町）をはじめ、三十六歌仙、女房三十六歌仙にも選ばれている。数々の逸話や伝説を残しているが、その生い立ちはすべてが謎に包まれ、正確なことは何ひとつわかっていない。絶世の美女として広く知られているが、当時の姿を描いたものは何も残されておらず、その伝説の発端は古今和歌集を編纂した歌人・紀貫之が小野小町の歌を「古事記や日本書紀に登場する絶世の美女・衣通姫の歌に通じるものがある」と讃えたことから広まったという説もある。

テオドール・シュトルム（1817―1888）

19世紀ドイツの作家・詩人、法律家。生涯の大半を法律家として過ごしたが、32歳で青春の悲恋を描いた初期の代表作「みずうみ」を発表。その後も多数の短編を残した。シュトルムの思いは生涯、北ドイツの故郷フーズムから離れることなく、いずれの作品でも美しくも暗く寂寞とした北方の郷里を描いている。1880年公職を退き、晩年は創作活動に専念。音楽性に富んだ300編以上の詩を残したドイツを代表する抒情詩人。

J・W・ゲーテ（1749―1832）

「ファウスト」や「若きウェルテルの悩み」など数多くの名作を残したドイツ古典主義を代表する文豪。恋多き人物としても知られ、そこから生まれた恋愛詩も多数。晩年74歳の頃には19歳の少女に失恋し、ドイツ最大の恋愛詩「マリーエンバートの悲歌」を生み出すなど、死ぬまで恋して、死ぬまで書き続けた。旅行記や自然科学者としての著作も多数残している。明治期には「ギョエテ」「ギョーツ」「ゲエテ」など、翻訳時の呼称が数十種にものぼり「ギョエテとは俺のことかとゲーテ言い」（斎藤緑雨）という川柳も残されている。

ジョージ・ゴードン・バイロン（1788―1824）

第6代バイロン男爵。イギリス・ロマン主義を代表する詩人。才能と美貌に恵まれ、ケンブリッジ大学に学ぶも放蕩三昧の日々を過ごす。諸国を周遊し長編詩「チャイルド・ハロルドの巡礼」を出版。この一冊が爆発的な人気を呼び「ある朝、目を覚ますと私は有名人になっていた」とバイロンに言わしめた。ダンディズムを極め時代の寵児として多くの恋愛遍歴を重ねるが、数々の不倫や異母姉との道ならぬ恋からスキャンダルまみれとなる。身を固めようと1815年にアナベラ・ミルバンクと結婚（一人娘は世界初のプログラマーといわれるエイダ・ラブレス）するが、僅か一年で離婚。イギリスから逃げるように再び各国を周遊し、代表作「ドン・ジュアン」を発表。後にギリシャ独立運動に身を投じ、熱病にかかり36年の生涯を終えた。「フランケンシュタイン」「吸血鬼」の怪奇譚はバイロンがスイス・レマン湖畔に借りた別荘での夜話から生まれている。

在原業平（825―880）

平安初期の貴族、歌人。六歌仙、三十六歌仙のひとり。平安時代きっての美男、プレイボーイとして知られており「伊勢物語」の主人公のモデルとされている。高貴な家柄の出身だが祖父である平城天皇が起こした「薬子の変」によって家運が傾き、子供たちはすべて在原の姓を名乗ることに。当時隆盛を極めた藤原一族の圧力もあり政治的には不遇な業平であったが、その報われぬ思いを打ち消すかのように和歌と恋愛の世界に生きた。鎌倉時代に記された和歌知顕集では3733人の女性と関係を持ったと書かれている。本詩で盗み出そうと描いた藤原高子（のちの皇太后）や恬子内親王など、本来であれば触れてはならない女性たちとの禁断の恋にさえ手を伸ばし、自らの破滅を願うかのような生き様は後年まで様々な逸話を残している。

ボリス・ヴィアン（1920―1959）

フランスの作家、詩人。ジャズトランペッター、作詞家、歌手としても活躍した。脱走兵の黒人作家ヴァーノン・サリヴァンというペンネームで執筆したハードボイルド小説がベストセラーとなるが、俗悪な暴力小説として裁判沙汰にまで発展。その後、自身の名で「うたかたの日々」など前衛的な小説を次々に発表するが世間に注目されることはなく、映画のシナリオや作詞などに身を投じていった。ジャズを愛し、フランスとアメリカの橋渡しとなる多くの評論を執筆。ハードボイルド作家、レイモンド・チャンドラーの翻訳なども手がけた。幼いころより心臓疾患を抱え「40になる前に自分は死ぬ」と公言していた通り、原作を担当した映画の試写会にて心臓発作を起こし39年の短い生涯に幕を下ろした。彼の作品は死後、コクトーやサルトルらに評価されて若者たちの間で爆発的支持を得ることとなった。

ハインリヒ・ハイネ（1797―1856）

ドイツの詩人、作家、ジャーナリスト。のちに革命詩人とも評された。デュッセルドルフのユダヤ商人の家に生まれる。詩集「歌の本」により叙情詩人としての地位を確立。多くの紀行や文学評論、政治批評を執筆したが、後年、ナチス時代にはその著作は焚書の対象に。ドイツの弾圧を恐れたハイネはフランスに亡命。パリではマルクスをはじめ政治家や芸術家と交わり、詩風も革命思想、社会主義的傾向を持つようになっていった。ドイツでは排斥され、フランスでは外国人として、常に異邦人であったハイネ。「恋の詩人」のイメージとは裏腹に生涯にわたってユダヤ人という出自に苦しみ、1856年パリで客死した。「ローレライ」「詩人の恋」など、リストやシューマンによって曲がつけられ、今なおオペラとして歌い継がれている作品も多い。

フランチェスコ・ペトラルカ（1304―1374）

イタリア、ルネサンス期を代表する詩人、人文主義者。教皇庁の置かれていたアヴィニョンで少年時代を過ごす。父の希望で法学を修めたが、次第に詩作やラテン語の研究に没頭していく。学者としてラテン語の文法を整備する傍ら、ラウラという女性との出会いから、その想いを一連の抒情詩集「カンツォニエーレ」に書き残した。学者、詩人としての名声を博し、1341年には桂冠詩人の栄誉を得た。ルネサンス期に始まったイタリア風ソネット（十四行詩）はペトラルカによって広く知られることになり、その詩の形式は「ペトラルカ風ソネット」とも呼ばれる。また、本詩は「ペトラルカのソネット第104番」としてハンガリーの作曲家フランツ・リストのピアノ独奏曲にもなっている。

陶淵明（365―427）

中国、六朝時代・東晋の詩人。下級士族の出身であり、幼き頃より読書と農耕に明け暮れる日々を過ごす。29歳で生活のために地方官の職に就くが、41歳で職を辞して郷里の柴桑県（江西省九江市）に戻る。世俗の生活に背を向け、晴耕雨読の暮らしの中で、江南の田園風景や酒を謳った詩を多数残した。後世、田園詩人、隠遁詩人とも呼ばれた。古来中国で官能的な詩は非常に稀であり、本詩「閑情賦」は彼の作品の中でも異色の一篇として今なお多くの議論をよんでいる。

フェデリコ・ガルシーア・ロルカ（1898―1936）

スペインの詩人、劇作家。アンダルシア州グラナダの小さな村に生まれる。スペインの風土に根ざした多くの詩集や戯曲を記し、1928年に詩集「ジプシー歌集」出版。その名声は確固たるものとなった。自身の劇団を率いて各地を巡回、また大規模なフェスを開催するなどフラメンコの復興にも尽力した。画家のサルバドール・ダリや映画監督のルイス・ブニュエルらとも親交を結び、ダリには詩集も捧げている。1936年、スペイン内戦が勃発すると、ロルカはリベラルな作品と言動のためフランコ将軍ひきいる反乱軍に拘束され、グラナダ近郊で銃殺された。作品群は発禁処分となり、政権が倒れる１９７５年までロルカを国内で語ることはできなかった。その作品内容から同性愛者であったという説も存在している。

与謝野晶子（１８７８―１９４２）

歌人。大阪府堺市の老舗和菓子屋の家に生まれ、10代半ばより短歌を作り始める。１９００年に与謝野鉄幹が「明星」を創刊し、晶子も同誌で歌を発表する。妻子ある鉄幹と不倫関係を経て結婚。１９０１年には鉄幹のプロデュースで全３９９首を収めた歌集「みだれ髪」を発表。当時としてはタブー視されていた女性の恋愛観や性を官能的に謳い、賛否両論とともに大きな話題となった。結婚後12人の子供を出産、大学教授の職に就くまで収入の不安定だった鉄幹を自らの文筆で支えた。男女平等教育を唱え、日本で最初の男女共学校・文化学院を鉄幹らと創設するなど女性解放運動でも大きな功績を残した。

マリー・ローランサン（１８８３―１９５６）

20世紀初頭に活躍したフランスの女性画家。詩や散文も多数残した。その美貌と才能からエコール・ド・パリ（パリ派）と呼ばれた画家や詩人たちのミューズとして愛され、ピカソの紹介で知り合った詩人アポリネールと恋に落ちる。アポリネールの尽力もあり新進画家として広く知られていくが、彼の嫉妬心から破局を迎え、ドイツ人貴族と結婚。第一次大戦の戦火を逃れスペインに亡命し、離婚を経て単身パリに戻る。ココ・シャネルら社交界の名士がこぞってマリーに肖像画を注文するなど、華やかな時代の寵児として名声を高めた。そのころより同性愛に目覚め、晩年には21歳年下の家政婦とふたりきりで過ごし、のちに養女に迎えた。72歳で心臓発作のため死去。遺言通り、赤いバラとアポリネールから送られた手紙の束を胸に抱いて、彼と同じ墓地に葬られた。

ヘルマン・ヘッセ（１８７７―１９６２）

20世紀ドイツ文学を代表する詩人、作家。ドイツ南部の街カルフで牧師の家庭に生まれる。当時エリートの道であった神学校に進むが「詩人になるか、さもなくば、何にもなりたくない」と脱走し、ピストル自殺を図ろうとした。神学の道からドロップアウトし、時計の歯車磨きの仕事など職を転々としたのち、詩を書く書店員として徐々に名声を得る。第一次世界大戦勃発時、当時の好戦的な論調に心を痛めて新聞に寄せた警告文が元で、非国民扱いされ出版界からボイコットを受けることに。ヒトラー政権が誕生すると「時代に好ましくない」というレッテルを貼られ紙の支給を禁止された。後にドイツからスイスの小さな村モンタニョーラへ移り住み、晩年まで執筆活動に専念。第二次世界大戦終結後の１９４６年にはノーベル文学賞を受賞。

杜甫（７１２―７７０）

中国、盛唐の詩人。中国文学史上最高の詩人であり”詩聖“と称される。祖父は初唐の宮廷詩人として有名な杜審言。幼いころより詩作に親しんだ。科挙に落第して各地を放浪、詩人・

李白らとも親交を結んだ。詩才が評価され40歳を過ぎて仕官したが安禄山の乱で職を失い、再びの放浪生活に。その際に本詩「国破れて山河在り」の一節で知られる五言律詩「春望」が書かれた。以後、家族を連れて各地を放浪。木の実などで飢えを凌ぐなど、貧しく不遇の生活のなかで多くの詩を書き残した。社会や政治の矛盾を詩歌の題材として取り上げ、同時代の親友である李白の詩とは対照的な詩風とも言える。長安に向かう船の中で客死し、59歳の生涯を終えた。頂き物の牛肉を食べ過ぎて亡くなったという言い伝えも残るが、真偽の程は定かではない。

エドガー・アラン・ポー（1809—1849）
アメリカの小説家、詩人、雑誌編集者。幼くして両親を失い、商人であるアラン家の養子となり幼少期の一時期をロンドンで過ごした。史上初の推理作家とも言われ、詩、怪奇小説、推理小説、SF小説、冒険小説など多くの領域で作品を残したが、その才能は本国アメリカよりもむしろヨーロッパで評価され、ボードレールをはじめフランスの詩人や文学者たちに多大な影響を与えた。アメリカにおける職業作家の先駆者ともいえるポーだが、後年、文名を得てからもその生活は常に厳しく最終的にはその貧困により妻を結核で失った。若い頃より飲酒癖があり、妻の死から目を逸らすために酒量も増加し、荒れた生活を送る。40歳の時にかつての恋人と再会して婚約。結婚式の準備をすすめていた矢先、ボルティモアの議会選挙投票所だった酒場で謎の死をとげた。

フリードリヒ・ニーチェ（1844—1900）
ドイツの哲学者・古典文献学者。ボン大学、ライプツィヒ大学に学び、在学中にワーグナーとショーペンハウアーに傾倒。24歳でバーゼル大学古典文献学の教授となる。1879年、健康状態の悪化から教授の職を辞して執筆活動に専念。多くの作品を残した。1889年、イタリア・トリノの広場で馬車馬の首にしがみつき発狂。以後、妹エリザベートの介助のもと精神病の治療を受けながら過ごすが、快方に向かうことはなく1900年に肺炎でこの世を去った。代表作は「ツァラトゥストラはかく語りき」「善悪の彼岸」など。実存主義の先駆者であり、二十世紀の哲学や文学に与えた影響は計り知れない。

ジョン・ダン（1572—1631）
イギリスの詩人、作家、聖職者。型破りで官能的な恋愛詩や、鋭い社会批判を込めた風刺詩で広く知られる。16年間で12人もの子供を産んだ最愛の妻を亡くし、当時としては珍しく二度と結婚をすることはなかった。愛する人たちの死や自身の病気、経済的な貧窮などの経験を色濃く反映したメランコリー溢れる詩も多数残し、国教会の司祭となった晩年にはその説教と宗教詩で広く知られることとなった。ヘミングウェイの「誰がために鐘は鳴る」はダンの残した「瞑想録」の一節から取られている。

ウィリアム・シェイクスピア（1564—1616）
英国の劇作家・詩人。詩や戯曲を書く一方で俳優も務め、座付き作者として37編の戯曲、154編のソネット(十四行詩)を書き、英国ルネサンス文学の最高峰と称された。人気劇団の株主となり、その後も劇場を中心に活躍。晩年にはロンドンから故郷ストラトフォードへ居を移した。空白の歴史や、その謎めいた人物像から「シェイクスピア別人説」も多数議論されており、共有のペンネームを用いた作家集団だという説や、同時代の哲学者フランシス・ベーコンのペンネームだという説も。

フランシス・ジャム(1868―1938)

19世紀末フランスの詩人。美しい自然や少女との恋について素朴な言葉で謳い上げた。ピレネー山脈の麓に生まれ、のちにステファヌ・マラルメやアンドレ・ジイドに認められるがパリに暮らすことはなく、生涯を自然と共に暮らした。フランス文学における位置づけは傍流とされるが、同時代の詩人たちと一線を画し、山野の中で独自の歩を進めた希有な存在でもある。

島崎藤村(1872―1943)

詩人、小説家。岐阜県中津川市に生まれる。上京し、明治学院普通部本科に入学。第一期卒業生として校歌も作詞している。英語教師の傍ら執筆を開始。詩集「若菜集」、のちに「破戒」「春」などの作品を発表し自然主義作家としての地位を確立していった。英語教師として長野県に赴任。結婚後、子宝に恵まれるも3人の娘が相次いで病死。四女の出産時に妻も死去した。その後、家事手伝いに来ていた姪・こま子と愛人関係になり妊娠・出産。藤村は逃げるようにパリに3年間留学するが、帰国後、関係が再燃。姪との関係を赤裸々に告白した小説「新生」を発表し、その関係を清算。こま子は家族会議の決定で台湾に送られた。その後「嵐」「夜明け前」などを発表し、日本ペンクラブの初代会長を務めた。

ライナー・マリア・リルケ(1875―1926)

オーストリアの詩人。軍人の家に生まれ、陸軍学校に入学するも周囲に溶け込めず詩作をはじめる。プラハ大学、ミュンヘン大学等に学び「詩は感情ではなく経験である」という考えのもと独自の表現方法を模索。パリでは彫刻家のロダンに師事し、私設秘書をこなしながら「ロダン論」の執筆に従事。自らも言葉で作る彫刻のように本質を表現しようと試みた「事物詩」を発表する。第一次大戦で一時招集されるが、その後もヨーロッパを転々としながら詩作を続け、晩年はスイスで翻訳や執筆を続けた。1926年10月、女性に贈るバラの花を切っていたときに刺さった棘がもとで病に倒れ、51年の生涯に幕を下ろした。三島由紀夫は短編「薔薇」のなかで、そのリルケの死に際について触れている。

李白(701―762)

中国、唐時代の詩人。同時代に生きた杜甫と共に中国を代表する詩人であり「詩仙」と称される。唐の時代、文学者は官僚を目指すのが通例であったが李白にはその形跡がなく、その作風は豪放磊落。本詩を始め、酒を歌った作品も多く残した。幼少より文才を発揮しながらも剣術を愛し、任侠の徒と行動を共にするなど放埒な日々を過ごしたという。25歳までを蜀（四川省）で過ごし、以後、人生の大半を放浪の旅に費やした。ほとんど職につくことなく、どのように放浪の資金を得ていたのか今もその生涯は謎に包まれている。死に際にも諸説があり、月夜の長江に船を浮かべて詩を詠みながらひとり酔いしれ、水面に映った月に手を伸ばし溺れ死んだという伝説も残っている。

ポール・ヴェルレーヌ（１８４４―１８９６）

19世紀末フランス、象徴派を代表する詩人。デカダンスを体現するかのような破滅的な生涯を送った。結婚一年目にしてランボーと出会い、妻を捨てて彼と同性愛の関係に。ふたりで各地をさまよったあげく、ピストルでランボーの手首を撃ち収監される。中学で教職を得るがそこで出会った美少年に惚れこみ、のちに死別。晩年には文名を高めたが、実生活では無一文でパリをさまよい慈善病院を転々とし、娼婦に看取られて52歳の生涯を終えた。本詩は明治期に活躍した文学者・上田敏による訳詩集「海潮音」に収められ、「秋の日のヴィオロンのためいきの身にしみてひたぶるにうら悲し」という翻訳で広く知られた。

E・E・カミングス（１８９４―１９６２）

アメリカの詩人、画家、随筆家、劇作家。ハーバード大学在学中から詩や小説を学校新聞に発表した。卒業後、第一次世界大戦に従軍するが戦時中も平和主義を表明していたためスパイの疑いで拘置された。不倫関係から略奪婚をして娘をもうけるが、裕福な銀行家にその妻を奪われる。その後も2度の結婚を経験。波乱に満ちた生涯を送りながらも９００篇に及ぶ詩を残し、俳句や空間芸術の要素を取り入れた作品を始めとした型破りなスタイルで常に新しい詩の表現方法を模索した。

レミ・ド・グールモン（１８５８―１９１５）

19世紀フランスを代表するサンボリスト（象徴主義者）として知られる作家、詩人、評論家。ノルマンディーの貴族の家に生まれ、カーン大学で法律を学んだのちパリ国立図書館に勤務。蔵書を読みふけり、文芸批評を投稿し始める。１８９０年、文芸雑誌「メルキュール・ド・フランス」を仲間のサンボリストたちと創刊、のちに反愛国的な記事を書いたという理由で国立図書館での職を失うこととなった。以後、執筆活動に専念。エズラ・パウンドやT・S・エリオットなど、英語圏の作家たちにも高く評価された。26才で結核を煩い、狼瘡によって顔が醜悪になったことを気にし、家に引きこもるように隠遁生活を送った。

マックス・ダウテンダイ（１８６７―１９１８）

ドイツの詩人、作家。フランケン地方の都市ヴュルツブルクに写真士の子として生まれる。青年時代から印象主義的な叙情詩を発表し、20代で詩人として認められる。ボヘミアン的な生活を送りながら、１９０５年には長年の夢だった世界旅行に出発し、世界を放浪。アジアを取材した短編などを発表した。また日本での滞在をもとに、大津事件などをベースにした幻想的な恋物語「琵琶湖八景」を書き下ろした。メキシコ、エジプト、インド、中国、日本などを巡った二度目の世界旅行の最中、第一次世界大戦が勃発。ジャワで足止めをくい、当地でマラリアにかかり客死した。前述の「琵琶湖八景」が縁となり、現在、大津市とヴュルツブルクは姉妹都市提携を結んでいる。

マックス・ジャコブ（1876―1944）

フランスの詩人、画家。ブルターニュ地方のカンペールにてユダヤ人の家庭に生まれる。詩を書き始めたものの暮らしは厳しく、生活のために絵を描き始めたことで次第にその名は知られていった。パリでピカソやアポリネールら芸術家と親交を持ち、20世紀初頭のキュビスム、シュールレアリスムの先駆者としてその発展に広く貢献した。絵画的なイメージを言語化し、詩集「骰子筒」を発表。ユーモアと皮肉を散りばめた新たなスタイルは現代散文詩の手本とも言われている。1909年、キリストの出現を自宅にて体験してカトリックに改宗。その後は神秘主義的な宗教詩を書き記した。第二次世界大戦時にナチスに逮捕され、終戦を待たずにドランシー収容所で死去。

ウィリアム・バトラー・イェイツ（1865―1939）

アイルランドの詩人、劇作家。早くからロンドンに出て多くの詩人たちと交流し、アイルランドとイギリスという二つの国と文化の間で葛藤しながらも、ロマン主義、神秘主義、モダニズムを取り入れた多彩な作品を残した。初期のロマンティックな恋愛詩は、当時恋をしていたモード・ゴンによるところが大きい。アイルランドの独立運動に身を投じていた彼女に導かれるように、イェイツも政治活動に身を投じ、文芸協会や国民劇場協会を創設するなど祖国の文芸復興運動に邁進したが、創作との狭間で徐々に政治活動から距離を置いていった。アイルランドの神話や伝承などへの研究も続けるさなか、日本の能に興味を持ち、ケルトと能の幻想を描いた詩劇「鷹の井戸」を発表。1923年にはノーベル文学賞を受賞した。

謝辞

本書の出版にあたり、以下の方々から多大なご協力を賜りました。
厚く御礼申し上げます。

菅原敏

青野賢一／植原亮輔／加藤貞顕／窪美澄／小松隼也／汐田瀬里菜／中田順子
／中村陽子／幅允孝／三橋正明／三原琴実／山﨑奈緒美／渡邉良重

アントビー株式会社
note株式会社
有限会社バッハ
（五十音順、敬称略）

本書は、インターネットメディア「cakes（ケイクス）」で2014年から2015年まで連載した
「新訳 世界恋愛詩集」を再編集したものです。各言語の原文は菅原敏HPでお読みいただけます。

かのひと　超訳 世界恋愛詩集

2017年7月28日　第1刷発行
2023年6月10日　第5刷発行
著者　菅原 敏
絵　久保田沙耶
デザイン　KIGI
発行者　岩岡千景
発行所　東京新聞
〒100-8505　東京都千代田区内幸町2-1-4
中日新聞東京本社
TEL ［編集］03-6910-2521
［営業］03-6910-2527
FAX　03-3595-4831
印刷・製本　株式会社耕文社

ISBN978-4-8083-1019-6　C0092